FOREWORD

The collection of "Everything Will Be Okay" travel phrasebooks published by T&P Books is designed for people traveling abroad for tourism and business. The phrasebooks contain what matters most - the essentials for basic communication. This is an indispensable set of phrases to "survive" while abroad.

This phrasebook will help you in most cases where you need to ask something, get directions, find out how much something costs, etc. It can also resolve difficult communication situations where gestures just won't help.

This book contains a lot of phrases that have been grouped according to the most relevant topics. You'll also find a mini dictionary with useful words - numbers, time, calendar, colors...

Take "Everything Will Be Okay" phrasebook with you on the road and you'll have an irreplaceable traveling companion who will help you find your way out of any situation and teach you to not fear speaking with foreigners.

TABLE OF CONTENTS

T&P Books Publishing

Travel phrasebooks collection
«Everything Will Be Okay!»

T&P Books Publishing

PHRASEBOOK

– ESTONIAN –

THE MOST IMPORTANT PHRASES

This phrasebook contains
the most important
phrases and questions
for basic communication
Everything you need
to survive overseas

T&P BOOKS

By Andrey Taranov

Phrasebook + 250-word dictionary

English-Estonian phrasebook & mini dictionary

By Andrey Taranov

The collection of "Everything Will Be Okay" travel phrasebooks published by T&P Books is designed for people traveling abroad for tourism and business. The phrasebooks contain what matters most - the essentials for basic communication. This is an indispensable set of phrases to "survive" while abroad.

You'll also find a mini dictionary with 250 useful words required for everyday communication - the names of months and days of the week, measurements, family members, and more.

T&P Books Publishing
www.tpbooks.com

ISBN: 978-1-78716-257-0

This book is also available in E-book formats.
Please visit www.tpbooks.com or the major online bookstores.

PRONUNCIATION

Letter	Estonian example	T&P phonetic alphabet	English example

Vowels

Letter	Estonian example	T&P phonetic alphabet	English example
a	vana	[ɑ]	shorter than in park, card
aa	poutaa	[ɑ:]	father, answer
e	ema	[e]	elm, medal
ee	Ameerika	[e:]	longer than in bell
i	ilus	[i]	shorter than in feet
ii	viia	[i:]	feet, meter
o	orav	[o]	pod, John
oo	antiloop	[o:]	fall, bomb
u	surma	[u]	book
uu	arbuus	[u:]	pool, room
õ	võõras	[ɔu]	rose, window
ä	pärn	[æ]	chess, man
ö	köha	[ø]	eternal, church
ü	üks	[y]	fuel, tuna

Consonants

Letter	Estonian example	T&P phonetic alphabet	English example
b	tablett	[b]	baby, book
d	delfiin	[d]	day, doctor
f	faasan	[f]	face, food
g	flamingo	[g]	game, gold
h	haamer	[h]	home, have
j	harjumus	[j]	yes, New York
k	helikopter	[k]	clock, kiss
l	ingel	[l]	lace, people
m	magnet	[m]	magic, milk
n	nöör	[n]	name, normal
p	poolsaar	[p]	pencil, private
r	ripse	[r]	rice, radio
s	sõprus	[s]	city, boss
š	šotlane	[ʃ]	machine, shark
t	tantsima	[t]	tourist, trip
v	pilves	[ʋ]	vase, winter

Letter	Estonian example	T&P phonetic alphabet	English example
z	zookauplus	[z]	zebra, please
ž [1]	žonglöör	[ʒ]	sharp, azure

Comments

[1] in loanwords only

LIST OF ABBREVIATIONS

English abbreviations

ab.	-	about
adj	-	adjective
adv	-	adverb
anim.	-	animate
as adj	-	attributive noun used as adjective
e.g.	-	for example
etc.	-	et cetera
fam.	-	familiar
fem.	-	feminine
form.	-	formal
inanim.	-	inanimate
masc.	-	masculine
math	-	mathematics
mil.	-	military
n	-	noun
pl	-	plural
pron.	-	pronoun
sb	-	somebody
sing.	-	singular
sth	-	something
v aux	-	auxiliary verb
vi	-	intransitive verb
vi, vt	-	intransitive, transitive verb
vt	-	transitive verb

ESTONIAN PHRASEBOOK

This section contains important phrases that may come in handy in various real-life situations.
The phrasebook will help you ask for directions, clarify a price, buy tickets, and order food at a restaurant

T&P Books Publishing

PHRASEBOOK
CONTENTS

T&P Books Publishing

The bare minimum

Excuse me, ...	**Vabandage, ...**
	[ʊabandage, ...]
Hello.	**Tere.**
	[tere]
Thank you.	**Aitäh.**
	[aitæh]
Good bye.	**Nägemist.**
	[nægemisʲt]
Yes.	**Jah.**
	[jah]
No.	**Ei.**
	[ej]
I don't know.	**Ma ei tea.**
	[ma ej tea]
Where?	Where to?	When?	**Kus?	Kuhu?	Millal?**
	[kus?	kuhu?	milʲæl?]

I need ...	**Mul on ... vaja**
	[mulʲ on ... ʊaja]
I want ...	**Ma tahan ...**
	[ma tahan ...]
Do you have ...?	**Kas teil on ... ?**
	[kas tejlʲ on ... ?]
Is there a ... here?	**Kas siin on kusagil ... ?**
	[kas siːn on kusagilʲ ... ?]
May I ...?	**Kas ma tohin ...?**
	[kas ma tohin ...?]
..., please (polite request)	**Palun, ...**
	[palun, ...]

I'm looking for ...	**Ma otsin ...**
	[ma otsin ...]
restroom	**tualetti**
	[tualetti]
ATM	**pangaautomaati**
	[pangaːutomaːti]
pharmacy (drugstore)	**apteeki**
	[apteːki]
hospital	**haiglat**
	[haiglat]
police station	**politseijaoskonda**
	[politsejjaoskonda]
subway	**metroojaama**
	[metroːjaːma]

taxi	**taksot** [taksot]
train station	**raudteejaama** [raudteːjaːma]

My name is ...	**Minu nimi on ...** [minu nimi on ...]
What's your name?	**Mis teie nimi on?** [mis teje nimi on?]
Could you please help me?	**Palun aidake mind.** [palun aidake mind]
I've got a problem.	**Ma vajan teie abi.** [ma ʋajan teje abi]
I don't feel well.	**Mul on halb olla.** [mulʲ on halʲb olʲæ]
Call an ambulance!	**Kutsuge kiirabi!** [kutsuge kiːrabi!]
May I make a call?	**Kas ma tohin helistada?** [kas ma tohin helisʲtada?]

I'm sorry.	**Vabandage.** [ʋabandage]
You're welcome.	**Tänan.** [tænan]

I, me	**mina, ma** [mina, ma]
you (inform.)	**sina, sa** [sina, sa]
he	**tema, ta** [tema, ta]
she	**tema, ta** [tema, ta]
they (masc.)	**nemad, nad** [nemad, nat]
they (fem.)	**nemad, nad** [nemad, nat]
we	**meie, me** [meje, me]
you (pl)	**teie, te** [teje, te]
you (sg, form.)	**teie** [teje]

ENTRANCE	**SISSEPÄÄS** [sissepæːs]
EXIT	**VÄLJAPÄÄS** [ʋæljapæːs]
OUT OF ORDER	**EI TÖÖTA** [ej tøːta]
CLOSED	**SULETUD** [suletut]

OPEN	**AVATUD**
	[auatut]
FOR WOMEN	**NAISTE**
	[naisʲte]
FOR MEN	**MEESTE**
	[me:sʲte]

Questions

Where?	**Kus?** [kus?]
Where to?	**Kuhu?** [kuhu?]
Where from?	**Kust?** [kusʲt?]
Why?	**Miks?** [miks?]
For what reason?	**Milleks?** [milʲeks?]
When?	**Millal?** [milʲæl?]

How long?	**Kui kaua?** [kui kaua?]
At what time?	**Mis ajal?** [mis ajal?]
How much?	**Kui palju maksab?** [kui palju maksab?]
Do you have ...?	**Kas teil on ...?** [kas tejlʲ on ...?]
Where is ...?	**Kus asub ...?** [kus asub ...?]

What time is it?	**Mis kell on?** [mis kelʲ on?]
May I make a call?	**Kas ma tohin helistada?** [kas ma tohin helisʲtada?]
Who's there?	**Kes seal on?** [kes sealʲ on?]
Can I smoke here?	**Kas tohin siin suitsetada?** [kas tohin si:n suitsetada?]
May I ...?	**Kas ma tohin ...?** [kas ma tohin ...?]

Needs

I'd like ...	**Ma tahaksin ...** [ma tahaksin ...]
I don't want ...	**Ma ei taha ...** [ma ej taha ...]
I'm thirsty.	**Mul on janu.** [mulʲ on janu]
I want to sleep.	**Ma tahan magada.** [ma tahan magada]

I want ...	**Ma tahan ...** [ma tahan ...]
to wash up	**käsi pesta** [kæsi pesʲta]
to brush my teeth	**hambaid pesta** [hambait pesʲta]
to rest a while	**veidi puhata** [ʋejdi puhata]
to change my clothes	**riideid vahetada** [riːdejt ʋahetada]

to go back to the hotel	**hotelli tagasi minna** [hotelʲi tagasi minna]
to buy ...	**osta ...** [osʲta ...]
to go to ...	**minna ...** [minna ...]
to visit ...	**külastada ...** [kɤlasʲtada ...]
to meet with ...	**kohtuda ...** [kohtuda ...]
to make a call	**helistada** [helisʲtada]

I'm tired.	**Ma olen väsinud.** [ma olen ʋæsinud]
We are tired.	**Me oleme väsinud.** [me oleme ʋæsinud]
I'm cold.	**Mul on külm.** [mulʲ on kɤlʲm]
I'm hot.	**Mul on palav.** [mulʲ on palaʋ]
I'm OK.	**Ma tunnen ennast hästi.** [ma tunnen ennasʲt hæsʲti]

I need to make a call.

Mul on vaja helistada.
[mulʲ on ʋaja helisʲtada]

I need to go to the restroom.

Pean tualetti minema.
[pean tualetti minema]

I have to go.

Ma pean lahkuma.
[ma pean lahkuma]

I have to go now.

Ma pean nüüd lahkuma.
[ma pean nʉːt lahkuma]

Asking for directions

Excuse me, ...

Vabandage, ...
[ʋabandage, ...]

Where is ...?

Kus asub ...?
[kus asub ...?]

Which way is ...?

Kuspool asub ...?
[kuspo:lʲ asub ...?]

Could you help me, please?

Palun, kas aitaksite mind?
[palun, kas aitaksite mind?]

I'm looking for ...

Ma otsin ...
[ma otsin ...]

I'm looking for the exit.

Ma otsin väljapääsu.
[ma otsin ʋæljapæ:su]

I'm going to ...

Ma sõidan ...
[ma sɜidan ...]

Am I going the right way to ...?

Kas ma lähen õiges suunas, et jõuda ...?
[kas ma lʲæhen ɜiges su:nas, et jɜuda ...?]

Is it far?

Kas see on kaugel?
[kas se: on kaugel?]

Can I get there on foot?

Kas ma saan sinna jalgsi minna?
[kas ma sa:n sinna jalʲgsi minna?]

Can you show me on the map?

Palun näidake mulle seda kaardil.
[palun næjdake mulʲe seda ka:rdil]

Show me where we are right now.

Näidake mulle, kus me praegu asume.
[næjdake mulʲe, kus me praegu asume]

Here

Siin
[si:n]

There

Seal
[sealʲ]

This way

Siia
[si:a]

Turn right.

Keerake paremale.
[ke:rake paremale]

Turn left.

Keerake vasakule.
[ke:rake ʋasakule]

first (second, third) turn

esimesel (teisel, kolmandal) ristmikul
[esimeselʲ (tejselʲ, kolʲmandalʲ) risʲtmikulʲ]

to the right

paremale
[paremale]

to the left

vasakule
[ʋasakule]

Go straight ahead.

Minge otse edasi.
[minge otse edasi]

Signs

WELCOME!	**TERE TULEMAST!** [tere tulemasʲt!]
ENTRANCE	**SISSEPÄÄS** [sissepæ:s]
EXIT	**VÄLJAPÄÄS** [ʋæljapæ:s]
PUSH	**LÜKAKE** [lʉkake]
PULL	**TÕMMAKE** [tɜmmake]
OPEN	**AVATUD** [aʋatut]
CLOSED	**SULETUD** [suletut]
FOR WOMEN	**NAISTE** [naisʲte]
FOR MEN	**MEESTE** [me:sʲte]
GENTLEMEN, GENTS (m)	**MEESTI TUALETT** [me:sʲti tualett]
WOMEN (f)	**NAISTE TUALETT** [naisʲte tualett]
DISCOUNTS	**ALLAHINDLUS** [alʲæhintlus]
SALE	**ODAV VÄLJAMÜÜK** [odaʋ ʋæljamʉ:k]
FREE	**TASUTA** [tasuta]
NEW!	**UUS!** [u:s!]
ATTENTION!	**TÄHELEPANU!** [tæhelepanu!]
NO VACANCIES	**VABU KOHTI POLE** [ʋabu kohti pole]
RESERVED	**RESERVEERITUD** [reserʋe:ritut]
ADMINISTRATION	**ADMINISTRATSIOON** [adminisʲtratsio:n]
STAFF ONLY	**AINULT PERSONALILE** [ainulʲt personalile]

BEWARE OF THE DOG!	**KURI KOER!** [kuri koer!]
NO SMOKING!	**SUITSETAMINE KEELATUD!** [suitsetamine ke:latud!]
DO NOT TOUCH!	**MITTE PUUDUTADA!** [mitte pu:dutada!]
DANGEROUS	**OHTLIK** [ohtlik]
DANGER	**OHT** [oht]
HIGH VOLTAGE	**KÕRGEPINGE** [kɜrgepinge]
NO SWIMMING!	**UJUMINE KEELATUD!** [ujumine ke:latud!]

OUT OF ORDER	**EI TÖÖTA** [ej tø:ta]
FLAMMABLE	**TULEOHTLIK** [tuleohtlik]
FORBIDDEN	**KEELATUD** [ke:latut]
NO TRESPASSING!	**LOATA SISENEMINE KEELATUD!** [loata sisenemine ke:latud!]
WET PAINT	**VÄRSKE VÄRV** [ʋærske ʋærʋ]

CLOSED FOR RENOVATIONS	**REMONDI TÕTTU SULETUD** [remondi tɜttu suletut]
WORKS AHEAD	**EES ON TEETÖÖD** [e:s on te:tø:t]
DETOUR	**ÜMBERSÕIT** [ʉmbersɜit]

Transportation. General phrases

plane	**lennuk** [lennuk]
train	**rong** [rong]
bus	**buss** [bus]
ferry	**parvlaev** [parʋlaeʋ]
taxi	**takso** [takso]
car	**auto** [auto]

schedule	**sõiduplaan** [sɜidupla:n]
Where can I see the schedule?	**Kus ma saaksin sõiduplaani näha?** [kus ma sa:ksin sɜidupla:ni næha?]
workdays (weekdays)	**tööpäevad, argipäevad** [tø:pææʋat, argipææʋad]
weekends	**nädalalõpud** [nædalalɜput]
holidays	**riigipühad** [ri:gipʉhat]

DEPARTURE	**väljalend** [ʋæljalent]
ARRIVAL	**saabumine** [sa:bumine]
DELAYED	**edasi lükatud** [edasi lʉkatut]
CANCELLED	**tühistatud** [tʉhisˈtatut]

next (train, etc.)	**järgmine (rong jms)** [jærgmine]
first	**esimene** [esimene]
last	**viimane** [ʋi:mane]

When is the next ...?	**Millal järgmine ... tuleb?** [milˈælʲ jærgmine ... tuleb?]
When is the first ...?	**Millal esimene ... väljub?** [milˈælʲ esimene ... ʋæljub?]

When is the last ...?

Millal väljub viimane ...?
[milʲælʲ uæljub ui:mane ...?]

transfer (change of trains, etc.)

ümberistumine
[ʉmberisʲtumine]

to make a transfer

ümber istuma
[ʉmber isʲtuma]

Do I need to make a transfer?

Kas ma pean ümber istuma?
[kas ma pean ʉmber isʲtuma?]

Buying tickets

Where can I buy tickets?	**Kust ma saan pileteid osta?** [kusⁱt ma sa:n piletejt osⁱta?]
ticket	**pilet** [pilet]
to buy a ticket	**piletit osta** [piletit osⁱta]
ticket price	**piletihind** [piletihint]
Where to?	**Kuhu?** [kuhu?]
To what station?	**Millise jaamani?** [milⁱise ja:mani?]
I need ...	**Mul on ... vaja** [mulⁱ on ... ʋaja]
one ticket	**ühe pileti** [ʉhe pileti]
two tickets	**kaks piletit** [kaks piletit]
three tickets	**kolm piletit** [kolⁱm piletit]
one-way	**üheotsa** [ʉheotsa]
round-trip	**edasi-tagasi** [edasi-tagasi]
first class	**esimene klass** [esimene klass]
second class	**teine klass** [tejne klas]
today	**täna** [tæna]
tomorrow	**homme** [homme]
the day after tomorrow	**ülehomme** [ʉlehomme]
in the morning	**hommikul** [hommikulⁱ]
in the afternoon	**pärastlõunal** [pærasⁱtlɜunalⁱ]
in the evening	**õhtul** [ɜhtulⁱ]

aisle seat

vahekäigupoolne koht
[ʋahekæjgupoːlˈne koht]

window seat

aknaalune koht
[aknaːlune koht]

How much?

Kui palju?
[kui palju?]

Can I pay by credit card?

Kas ma saan tasuda maksekaardiga?
[kas ma saːn tasuda maksekaːrdiga?]

Bus

bus	**buss** [bus]
intercity bus	**linnadevaheline buss** [linnadeʋaheline bus]
bus stop	**bussipeatus** [bussipeatus]
Where's the nearest bus stop?	**Kus asub lähim bussipeatus?** [kus asub lʲæhim bussipeatus?]

number (bus ~, etc.)	**number (bussi vm)** [number]
Which bus do I take to get to ...?	**Milline buss sõidab ...?** [milʲine buss sɜidab ...?]
Does this bus go to ...?	**Kas ma saan selle bussiga ...?** [kas ma sa:n selʲe bussiga ...?]
How frequent are the buses?	**Kui sageli bussid käivad?** [kui sageli bussit kæjʋad?]

every 15 minutes	**iga veerand tunni järel** [iga ʋe:rant tunni jærelʲ]
every half hour	**iga poole tunni järel** [iga po:le tunni jærelʲ]
every hour	**iga tunni järel** [iga tunni jærelʲ]
several times a day	**mitu korda päevas** [mitu korda pæeʋas]
... times a day	**... korda päevas** [... korda pæeʋas]

schedule	**sõiduplaan** [sɜidupla:n]
Where can I see the schedule?	**Kus ma saaksin sõiduplaani näha?** [kus ma sa:ksin sɜidupla:ni næha?]
When is the next bus?	**Millal järgmine buss tuleb?** [milʲælʲ jærgmine bus tuleb?]
When is the first bus?	**Millal esimene buss väljub?** [milʲælʲ esimene buss ʋæljub?]
When is the last bus?	**Millal viimane buss väljub?** [milʲælʲ ʋi:mane bus ʋæljub?]

stop	**peatus** [peatus]
next stop	**järgmine peatus** [jærgmine peatus]

last stop (terminus)

viimane peatus, lõpp-peatus
[ʋiːmane peatus, lɜpp-peatus]

Stop here, please.

Palun pidage siin kinni.
[palun pidage siːn kinni]

Excuse me, this is my stop.

Vabandage, minu peatus on siin.
[ʋabandage, minu peatus on siːn]

Train

train	**rong** [rong]
suburban train	**linnalähirong** [linnal'æhirong]
long-distance train	**rong** [rong]
train station	**raudteejaam** [raudte:ja:m]
Excuse me, where is the exit to the platform?	**Vabandage, kust pääseb perroonile?** [uabandage, kus't pæ:seb perro:nile?]
Does this train go to ...?	**Kas see rong sõidab ...?** [kas se: rong sɜidab ...?]
next train	**järgmine rong** [jærgmine rong]
When is the next train?	**Millal järgmine rong tuleb?** [mil'æl' jærgmine rong tuleb?]
Where can I see the schedule?	**Kus ma saaksin sõiduplaani näha?** [kus ma sa:ksin sɜidupla:ni næha?]
From which platform?	**Milliselt perroonilt?** [mil'isel't perro:nil't?]
When does the train arrive in ...?	**Millal see rong jõuab ...?** [mil'æl' se: rong jɜuab ...?]
Please help me.	**Palun aidake mind.** [palun aidake mind]
I'm looking for my seat.	**Ma otsin oma kohta.** [ma otsin oma kohta]
We're looking for our seats.	**Me otsime oma kohti.** [me otsime oma kohti]
My seat is taken.	**Minu koht on hõivatud.** [minu koht on hɜiuatud]
Our seats are taken.	**Meie kohad on hõivatud.** [meje kohat on hɜiuatud]
I'm sorry but this is my seat.	**Vabandage, see on minu koht.** [uabandage, se: on minu koht]
Is this seat taken?	**Kas see koht on vaba?** [kas se: koht on uaba?]
May I sit here?	**Kas ma tohin siia istuda?** [kas ma tohin si:a is'tuda?]

On the train. Dialogue (No ticket)

Ticket, please.

Palun esitage oma pilet.
[palun esitage oma pilet]

I don't have a ticket.

Mul ei ole piletit.
[mulʲ ej ole piletit]

I lost my ticket.

Ma olen oma pileti ära kaotanud.
[ma olen oma pileti æra kaotanud]

I forgot my ticket at home.

Unustasin pileti koju.
[unusʲtasin pileti koju]

You can buy a ticket from me.

Te saate osta pileti minu käest.
[te saːte osʲta pileti minu kæəsʲt]

You will also have to pay a fine.

Te peate maksma ka trahvi.
[te peate maksma ka trahʋi]

Okay.

Hea küll.
[hea külʲ]

Where are you going?

Kuhu te sõidate?
[kuhu te sɜidate?]

I'm going to ...

Ma sõidan ...
[ma sɜidan ...]

How much? I don't understand.

Kui palju? Ma ei saa aru.
[kui palju? ma ej saː aru]

Write it down, please.

Palun kirjutage see üles.
[palun kirjutage seː üles]

Okay. Can I pay with a credit card?

Hea küll. Kas ma saan tasuda maksekaardiga?
[hea külʲ kas ma saːn tasuda makseka:rdiga?]

Yes, you can.

Jah, saate.
[jah, saːte]

Here's your receipt.

Siin on teie kviitung.
[siːn on teje kʋiːtung]

Sorry about the fine.

Kahju, et pidite trahvi maksma.
[kahju, et pidite trahʋi maksma]

That's okay. It was my fault.

Pole hullu. Oma viga.
[pole hulʲu oma ʋiga]

Enjoy your trip.

Head reisi.
[heat rejsi]

Taxi

taxi	**takso** [takso]
taxi driver	**taksojuht** [taksojuht]
to catch a taxi	**taksot püüdma** [taksot puːdma]
taxi stand	**taksopeatus** [taksopeatus]
Where can I get a taxi?	**Kust ma saan takso võtta?** [kusʲt ma saːn takso ʋɜtta?]
to call a taxi	**kutsuge takso välja** [kutsuge takso ʋælja]
I need a taxi.	**Ma soovin taksot.** [ma soːʋin taksot]
Right now.	**Kohe praegu.** [kohe praegu]
What is your address (location)?	**Öelge oma aadress?** [øelʲge oma aːdress?]
My address is ...	**Minu aadress on ...** [minu aːdres on ...]
Your destination?	**Kuhu te soovite sõita?** [kuhu te soːʋite sɜita?]
Excuse me, ...	**Vabandage, ...** [ʋabandage, ...]
Are you available?	**Kas te olete vaba?** [kas te olete ʋaba?]
How much is it to get to ...?	**Kui palju läheb maksma sõit ...?** [kui palju lʲæheb maksma sɜit ...?]
Do you know where it is?	**Kas te teate, kus see asub?** [kas te teate, kus seː asub?]
Airport, please.	**Palun viige mind lennujaama.** [palun ʋiːge mint lennujaːma]
Stop here, please.	**Palun peatuge siin.** [palun peatuge siːn]
It's not here.	**See ei ole siin.** [seː ej ole siːn]
This is the wrong address.	**See on vale aadress.** [seː on ʋale aːdress]
Turn left.	**Keerake vasakule.** [keːrake ʋasakule]
Turn right.	**Keerake paremale.** [keːrake paremale]

How much do I owe you?	**Palju ma teile võlgnen?** [palju ma tejle vɔlʲgnen?]
I'd like a receipt, please.	**Palun andke mulle kviitung.** [palun andke mulʲe kʋi:tung]
Keep the change.	**Tagasi pole vaja.** [tagasi pole ʋaja]

Would you please wait for me?	**Palun, kas te ootaksite mind?** [palun, kas te o:taksite mind?]
five minutes	**viis minutit** [ʋi:s minutit]
ten minutes	**kümme minutit** [kʉmme minutit]
fifteen minutes	**viisteist minutit** [ʋi:sʲtejsʲt minutit]
twenty minutes	**kakskümmend minutit** [kakskʉmment minutit]
half an hour	**pool tundi** [po:lʲ tundi]

Hotel

Hello.

Tere.
[tere]

My name is ...

Minu nimi on ...
[minu nimi on ...]

I have a reservation.

Mul on koht kinni pandud.
[mulʲ on koht kinni pandud]

I need ...

Mul on ... vaja
[mulʲ on ... ʋaja]

a single room

tuba ühele
[tuba ühele]

a double room

tuba kahele
[tuba kahele]

How much is that?

Palju see maksab?
[palju se: maksab?]

That's a bit expensive.

See on kallivõitu.
[se: on kalʲiʋɔitu]

Do you have anything else?

Kas teil on midagi muud pakkuda?
[kas tejlʲ on midagi mu:t pakkuda?]

I'll take it.

Ma võtan selle.
[ma ʋɔtan selʲe]

I'll pay in cash.

Ma maksan sularahas.
[ma maksan sularahas]

I've got a problem.

Ma vajan teie abi.
[ma ʋajan teje abi]

My ... is broken.

Minu ... on katki.
[minu ... on katki]

My ... is out of order.

Minu ... on rikkis.
[minu ... on rikkis]

TV

televiisor
[teleʋi:sor]

air conditioner

kliimaseade
[kli:maseade]

tap

kraan
[kra:n]

shower

dušš
[duʃʃ]

sink

kraanikauss
[kra:nikaus]

safe

seif
[sejf]

door lock	**ukselukk** [ukselukk]
electrical outlet	**pistikupesa** [pis'tikupesa]
hairdryer	**föön** [fø:n]

I don't have ...	**Minu numbris ei ole ...** [minu numbris ej ole ...]
water	**vett** [ʋett]
light	**valgust** [ʋal'gus't]
electricity	**elektrit** [elektrit]

Can you give me ...?	**Palun, kas te tooksite mulle ...?** [palun, kas te to:ksite mul'e ...?]
a towel	**käterätiku** [kæterætiku]
a blanket	**teki** [teki]
slippers	**tuhvlid** [tuhʋlit]
a robe	**hommikumantli** [hommikumantli]
shampoo	**šampooni** [ʃampo:ni]
soap	**seepi** [se:pi]

I'd like to change rooms.	**Sooviksin tuba vahetada.** [so:ʋiksin tuba ʋahetada]
I can't find my key.	**Ma ei leia oma võtit.** [ma ej leja oma ʋɜtit]
Could you open my room, please?	**Palun tehke mu tuba lahti?** [palun tehke mu tuba lahti?]
Who's there?	**Kes seal on?** [kes seal' on?]
Come in!	**Tulge sisse!** [tul'ge sisse!]
Just a minute!	**Palun oodake, kohe tulen!** [palun o:dake, kohe tulen!]
Not right now, please.	**Palun, mitte praegu.** [palun, mitte praegu]

Come to my room, please.	**Palun tulge minu tuppa.** [palun tul'ge minu tuppa]
I'd like to order food service.	**Sooviv tellida sööki numbrisse.** [so:ʋiʋ tel'ida sø:ki numbrisse]
My room number is ...	**Minu toanumber on ...** [minu toanumber on ...]

I'm leaving ...

Ma lahkun ...
[ma lahkun ...]

We're leaving ...

Me lahkume ...
[me lahkume ...]

right now

kohe praegu
[kohe praegu]

this afternoon

täna pärastlõunal
[tæna pærasˈtlɜunalʲ]

tonight

täna õhtul
[tæna ɜhtulʲ]

tomorrow

homme
[homme]

tomorrow morning

homme hommikul
[homme hommikulʲ]

tomorrow evening

homme õhtul
[homme ɜhtulʲ]

the day after tomorrow

ülehomme
[ᵾlehomme]

I'd like to pay.

Soovin maksta.
[soːʋin maksˈta]

Everything was wonderful.

Kõik oli suurepärane.
[kɜik oli suːrepærane]

Where can I get a taxi?

Kust ma saan takso võtta?
[kusˈt ma saːn takso ʋɜtta?]

Would you call a taxi for me, please?

Palun kutsuge mulle takso?
[palun kutsuge mulʲe takso?]

Restaurant

Can I look at the menu, please?

Palun tooge mulle menüü?
[palun to:ge mulʲe menʉ:?]

Table for one.

Laud ühele.
[laut ʉhele]

There are two (three, four) of us.

**Me oleme kahekesi
(kolmekesi, neljakesi).**
[me oleme kahekesi
(kolʲmekesi, neljakesi)]

Smoking

Suitsetajatele
[suitsetajatele]

No smoking

Mittesuitsetajatele
[mittesuitsetajatele]

Excuse me! (addressing a waiter)

Vabandage!
[ʋabandage!]

menu

menüü
[menʉ:]

wine list

veinikaart
[ʋejnika:rt]

The menu, please.

Palun menüü.
[palun menʉ:]

Are you ready to order?

Kas olete valmis tellima?
[kas olete ʋalʲmis telʲima?]

What will you have?

Mida te tellite?
[mida te telʲite?]

I'll have ...

Tooge palun ...
[to:ge palun ...]

I'm a vegetarian.

Ma olen taimetoitlane.
[ma olen taimetojtlane]

meat

liha
[liha]

fish

kala
[kala]

vegetables

köögivili
[kø:giʋili]

Do you have vegetarian dishes?

**Kas teil on taimetoitlastele
mõeldud roogi?**
[kas tejlʲ on taimetojtlasʲtele
mʒelʲdut ro:gi?]

I don't eat pork.

Ma ei söö sealiha.
[ma ej sø: sealiha]

He /she/ doesn't eat meat.

Tema ei söö liha.
[tema ej sø: liha]

I am allergic to ...

Mul on allergia ... vastu.
[muli on aliergia ... ʋasitu]

Would you please bring me ...

Palun tooge mulle ...
[palun to:ge mulie ...]

salt | pepper | sugar

soola | pipart | suhkrut
[so:la | pipart | suhkrut]

coffee | tea | dessert

kohvi | teed | magustoit
[kohʋi | te:t | magusitojt]

water | sparkling | plain

vett | mullivett | puhast vett
[ʋett | mulliʋett | puhasit ʋett]

a spoon | fork | knife

lusikas | kahvel | nuga
[lusikas | kahʋeli | nuga]

a plate | napkin

taldrik | salvrätik
[talidrik | saliʋrætik]

Enjoy your meal!

Head isu!
[heat isu!]

One more, please.

Palun veel üks.
[palun ʋe:li ʉks]

It was very delicious.

Oli väga maitsev.
[oli ʋæga maitseʋ]

check | change | tip

arve | raha tagasi | jootraha
[arʋe | raha tagasi | jo:traha]

Check, please.
(Could I have the check, please?)

Arve, palun.
[arʋe, palun]

Can I pay by credit card?

Kas ma saan tasuda maksekaardiga?
[kas ma sa:n tasuda makseka:rdiga?]

I'm sorry, there's a mistake here.

Vabandage, aga siin on midagi valesti.
[ʋabandage, aga si:n on midagi ʋalesiti]

Shopping

Can I help you?
Kuidas saan teid aidata?
[kuidas sa:n tejt aidata?]

Do you have ...?
Kas teil on ...?
[kas tejlʲ on ...?]

I'm looking for ...
Ma otsin ...
[ma otsin ...]

I need ...
Mul on ... vaja
[mulʲ on ... vaja]

I'm just looking.
Ma ainult vaatan.
[ma ainulʲt va:tan]

We're just looking.
Me ainult vaatame.
[me ainulʲt va:tame]

I'll come back later.
Ma tulen hiljem tagasi.
[ma tulen hiljem tagasi]

We'll come back later.
Me tuleme hiljem tagasi.
[me tuleme hiljem tagasi]

discounts | sale
allahindlus | odav väljamüük
[alʲæhintlus | odav vælʲjamʉ:k]

Would you please show me ...
Palun näidake mulle ...
[palun næjdake mulʲe ...]

Would you please give me ...
Palun andke mulle ...
[palun andke mulʲe ...]

Can I try it on?
Kas ma saaksin seda proovida?
[kas ma sa:ksin seda pro:vida?]

Excuse me, where's the fitting room?
Vabandage, kus proovikabiin on?
[vabandage, kus pro:vikabi:n on?]

Which color would you like?
Millist värvi te soovite?
[milʲisʲt værvi te so:vite?]

size | length
suurus | pikkus
[su:rus | pikkus]

How does it fit?
Kas see sobib teile?
[kas se: sobib tejle?]

How much is it?
Kui palju see maksab?
[kui palju se: maksab?]

That's too expensive.
See on liiga kallis.
[se: on li:ga kalʲlis]

I'll take it.
Ma võtan selle.
[ma vɜtan selʲe]

Excuse me, where do I pay?
Vabandage, kus ma tasuda saan?
[vabandage, kus ma tasuda sa:n?]

Will you pay in cash or credit card?	**Kas maksate sularahas või maksekaardiga?** [kas maksate sularahas vɜi maksekaːrdiga?]
In cash | with credit card	**sularahas | maksekaardiga** [sularahas | maksekaːrdiga]

Do you want the receipt?	**Kas te kviitungit soovite?** [kas te kʋiːtungit soːʋite?]
Yes, please.	**Jah, palun.** [jah, palun]
No, it's OK.	**Ei, pole vaja.** [ej, pole ʋaja]
Thank you. Have a nice day!	**Tänan teid. Kena päeva teile!** [tænan tejd. kena pæeʋa tejle!]

In town

Excuse me, please.	**Vabandage, palun.** [ʋabandage, palun]
I'm looking for ...	**Ma otsin ...** [ma otsin ...]

the subway	**metroojaama** [metro:ja:ma]
my hotel	**oma hotelli** [oma hotelʲi]
the movie theater	**kino** [kino]
a taxi stand	**taksopeatust** [taksopeatusʲt]

an ATM	**pangaautomaati** [panga:utoma:ti]
a foreign exchange office	**valuutavahetuspunkti** [ʋalu:taʋahetuspunkti]
an internet café	**internetikohvikut** [internetikohʋikut]
... street	**... tänavat** [... tænaʋat]
this place	**seda kohta siin** [seda kohta si:n]

Do you know where ... is?	**Kas te teate, kus asub...?** [kas te teate, kus asub...?]
Which street is this?	**Mis selle tänava nimi on?** [mis selʲe tænaʋa nimi on?]

Show me where we are right now.	**Näidake mulle, kus me praegu oleme.** [næjdake mulʲe, kus me praegu oleme]
Can I get there on foot?	**Kas ma saan sinna jalgsi minna?** [kas ma sa:n sinna jalʲgsi minna?]
Do you have a map of the city?	**Kas teil on linna kaarti?** [kas tejlʲ on linna ka:rti?]

How much is a ticket to get in?	**Kui kallis pilet on?** [kui kalʲis pilet on?]
Can I take pictures here?	**Kas siin tohib pildistada?** [kas si:n tohib pilʲdisʲtada?]
Are you open?	**Kas te olete avatud?** [kas te olete aʋatud?]

When do you open?

Millal te avate?
[milʲælʲ te ɑvɑte?]

When do you close?

Millal te sulgete?
[milʲælʲ te sulʲgete?]

Money

money	**raha** [raha]
cash	**sularaha** [sularaha]
paper money	**paberraha** [paberraha]
loose change	**peenraha** [pe:nraha]
check | change | tip	**arve | raha tagasi | jootraha** [arve | raha tagasi | jo:traha]
credit card	**maksekaart, krediitkaart** [makseka:rt, kredi:tka:rt]
wallet	**rahakott** [rahakott]
to buy	**osta** [osʲta]
to pay	**maksta** [maksʲta]
fine	**trahv** [trahv]
free	**tasuta** [tasuta]
Where can I buy ...?	**Kust ma saan ... osta?** [kusʲt ma sa:n ... osʲta?]
Is the bank open now?	**Kas pank on praegu lahti?** [kas pank on praegu lahti?]
When does it open?	**Millal see avatakse?** [milʲælʲ se: avatakse?]
When does it close?	**Millal see suletakse?** [milʲælʲ se: suletakse?]
How much?	**Kui palju?** [kui palju?]
How much is this?	**Kui palju see maksab?** [kui palju se: maksab?]
That's too expensive.	**See on liiga kallis.** [se: on li:ga kalʲis]
Excuse me, where do I pay?	**Vabandage, kus ma saan maksta?** [vabandage, kus ma sa:n maksʲta?]
Check, please.	**Arve, palun.** [arve, palun]

Can I pay by credit card?

Kas ma saan tasuda maksekaardiga?
[kas ma sa:n tasuda makseka:rdiga?]

Is there an ATM here?

Kas siin läheduses on pangautomaat?
[kas si:n lʲæheduses on pangautoma:t?]

I'm looking for an ATM.

Ma otsin pangautomaati.
[ma otsin pangautoma:ti]

I'm looking for a foreign exchange office.

Ma otsin valuutavahetuspunkti.
[ma otsin valu:tavahetuspunkti]

I'd like to change ...

Sooviksin vahetada ...
[so:viksin vahetada ...]

What is the exchange rate?

Milline on vahetuskurss?
[milʲine on vahetuskurss?]

Do you need my passport?

Kas vajate mu passi?
[kas vajate mu passi?]

Time

What time is it?	**Mis kell on?** [mis kelʲ on?]
When?	**Millal?** [milʲæl?]
At what time?	**Mis ajal?** [mis ajal?]
now | later | after …	**praegu | hiljem | pärast …** [praegu | hiljem | pærasʲt …]

one o'clock	**kell üks päeval** [kelʲ ʉks pæeualʲ]
one fifteen	**kell veerand kaks** [kelʲ ʋe:rant kaks]
one thirty	**kell pool kaks** [kelʲ po:lʲ kaks]
one forty-five	**kell kolmveerand kaks** [kelʲ kolʲmʋe:rant kaks]

one | two | three	**üks | kaks | kolm** [ʉks | kaks | kolʲm]
four | five | six	**neli | viis | kuus** [neli | ʋi:s | ku:s]
seven | eight | nine	**seitse | kaheksa | üheksa** [sejtse | kaheksa | ʉheksa]
ten | eleven | twelve	**kümme | üksteist | kaksteist** [kʉmme | ʉksʲtejsʲt | kaksʲtejsʲt]

in …	**… pärast** [… pærasʲt]
five minutes	**viie minuti** [ʋi:e minuti]
ten minutes	**kümne minuti** [kʉmne minuti]
fifteen minutes	**viieteistkümne minuti** [ʋi:etejsʲtkʉmne minuti]
twenty minutes	**kahekümne minuti** [kahekʉmne minuti]

half an hour	**poole tunni** [po:le tunni]
an hour	**tunni** [tunni]

in the morning	**hommikul** [hommikulʲ]
early in the morning	**varahommikul** [ʋarahommikulʲ]
this morning	**täna hommikul** [tæna hommikulʲ]
tomorrow morning	**homme hommikul** [homme hommikulʲ]
in the middle of the day	**keskpäeval** [keskpæeʋalʲ]
in the afternoon	**pärast lõunat** [pærasʲt lɜunat]
in the evening	**õhtul** [ɜhtulʲ]
tonight	**täna õhtul** [tæna ɜhtulʲ]
at night	**öösel** [øːselʲ]
yesterday	**eile** [ejle]
today	**täna** [tæna]
tomorrow	**homme** [homme]
the day after tomorrow	**ülehomme** [ʉlehomme]
What day is it today?	**Mis päev täna on?** [mis pæeʋ tæna on?]
It's ...	**Täna on ...** [tæna on ...]
Monday	**esmaspäev** [esmaspæeʋ]
Tuesday	**teisipäev** [tejsipæeʋ]
Wednesday	**kolmapäev** [kolʲmapæeʋ]
Thursday	**neljapäev** [neljapæeʋ]
Friday	**reede** [reːde]
Saturday	**laupäev** [laupæeʋ]
Sunday	**pühapäev** [pʉhapæeʋ]

Greetings. Introductions

Hello.

Tere.
[tere]

Pleased to meet you.

Meeldiv kohtuda.
[meːlʲdiʊ kohtuda]

Me too.

Minul samuti.
[minulʲ samuti]

I'd like you to meet ...

Saage tuttavaks, tema on ...
[saːge tuttaʊaks, tema on ...]

Nice to meet you.

Tore teiega kohtuda.
[tore tejega kohtuda]

How are you?

Kuidas käsi käib?
[kuidas kæsi kæjb?]

My name is ...

Minu nimi on ...
[minu nimi on ...]

His name is ...

Tema nimi on ...
[tema nimi on ...]

Her name is ...

Tema nimi on ...
[tema nimi on ...]

What's your name?

Mis teie nimi on?
[mis teje nimi on?]

What's his name?

Mis tema nimi on?
[mis tema nimi on?]

What's her name?

Mis tema nimi on?
[mis tema nimi on?]

What's your last name?

Mis teie perekonnanimi on?
[mis teje perekonnanimi on?]

You can call me ...

Te võite mind kutsuda ...
[te ʊɜite mint kutsuda ...]

Where are you from?

Kust te pärit olete?
[kusʲt te pærit olete?]

I'm from ...

Ma elan ...
[ma elan ...]

What do you do for a living?

Kellena te töötate?
[kelʲena te tøːtate?]

Who is this?

Kes see on?
[kes seː on?]

Who is he?

Kes tema on?
[kes tema on?]

Who is she?

Kes tema on?
[kes tema on?]

Who are they?	**Kes nemad on?**
	[kes nemat on?]
This is ...	**Tema on ...**
	[tema on ...]
my friend (masc.)	**minu sõber**
	[minu sɜber]
my friend (fem.)	**minu sõbranna**
	[minu sɜbranna]
my husband	**minu mees**
	[minu me:s]
my wife	**minu naine**
	[minu naine]

my father	**minu isa**
	[minu isa]
my mother	**minu ema**
	[minu ema]
my brother	**minu vend**
	[minu ʋent]
my sister	**minu õde**
	[minu ɜde]
my son	**minu poeg**
	[minu poeg]
my daughter	**minu tütar**
	[minu tʉtar]

This is our son.	**Tema on meie poeg.**
	[tema on meje poeg]
This is our daughter.	**Tema on meie tütar.**
	[tema on meje tʉtar]
These are my children.	**Nemad on minu lapsed.**
	[nemat on minu lapsed]
These are our children.	**Nemad on meie lapsed.**
	[nemat on meje lapsed]

Farewells

Good bye! **Hüvasti!**
[hɐʋasʲti!]

Bye! (inform.) **Tšao! Pakaa!**
[tʃao! paka:!]

See you tomorrow. **Homseni.**
[homseni]

See you soon. **Kohtumiseni.**
[kohtumiseni]

See you at seven. **Seitsme ajal näeme.**
[sejtsme ajalʲ næəme]

Have fun! **Veetke lõbusasti aega!**
[ʋe:tke lɜbusasʲti aega!]

Talk to you later. **Hiljem räägime.**
[hiljem ræ:gime]

Have a nice weekend. **Meeldivat nädalavahetust teile.**
[me:lʲdiʋat nædalaʋahetusʲt tejle]

Good night. **Head ööd.**
[heat ø:d]

It's time for me to go. **Ma pean lahkuma.**
[ma pean lahkuma]

I have to go. **Ma pean lahkuma.**
[ma pean lahkuma]

I will be right back. **Tulen kohe tagasi.**
[tulen kohe tagasi]

It's late. **Aeg on juba hiline.**
[aeg on juba hiline]

I have to get up early. **Pean hommikul vara tõusma.**
[pean hommikulʲ ʋara tɜusma]

I'm leaving tomorrow. **Ma lahkun homme.**
[ma lahkun homme]

We're leaving tomorrow. **Me lahkume homme.**
[me lahkume homme]

Have a nice trip! **Head reisi teile!**
[heat rejsi tejle!]

It was nice meeting you. **Oli meeldiv teiega kohtuda.**
[oli me:lʲdiʋ tejega kohtuda]

It was nice talking to you. **Oli meeldiv teiega suhelda.**
[oli me:lʲdiʋ tejega suhelʲda]

Thanks for everything. **Tänan kõige eest.**
[tænan kɜige e:sʲt]

I had a very good time.	**Veetsin teiega meeldivalt aega.** [veːtsin tejega meːlˈdivalʲt aega]
We had a very good time.	**Viitsime meeldivalt aega.** [viːtsime meːlˈdivalʲt aega]
It was really great.	**Kõik oli suurepärane.** [kɜik oli suːrepærane]
I'm going to miss you.	**Ma hakkan teist puudust tundma.** [ma hakkan tejsʲt puːdusʲt tundma]
We're going to miss you.	**Me hakkame teist puudust tundma.** [me hakkame tejsʲt puːdusʲt tundma]

Good luck!	**Õnn kaasa!** [ɜnn kaːsa!]
Say hi to ...	**Tervitage ...** [tervitage ...]

Foreign language

I don't understand.	**Ma ei saa aru.** [ma ej sa: aru]
Write it down, please.	**Palun kirjutage see üles.** [palun kirjutage se: ules]
Do you speak ...?	**Kas te räägite ...?** [kas te ræ:gite ...?]
I speak a little bit of ...	**Ma räägin natukene ... keelt** [ma ræ:gin natukene ... ke:lʲt]
English	**inglise** [inglise]
Turkish	**türgi** [tʉrgi]
Arabic	**araabia** [ara:bia]
French	**prantsuse** [prantsuse]
German	**saksa** [saksa]
Italian	**itaalia** [ita:lia]
Spanish	**hispaania** [hispa:nia]
Portuguese	**portugali** [portugali]
Chinese	**hiina** [hi:na]
Japanese	**jaapani** [ja:pani]
Can you repeat that, please.	**Palun korrake seda.** [palun korrake seda]
I understand.	**Ma saan aru.** [ma sa:n aru]
I don't understand.	**Ma ei saa aru.** [ma ej sa: aru]
Please speak more slowly.	**Palun rääkige aeglasemalt.** [palun ræ:kige aeglasemalʲt]
Is that correct? (Am I saying it right?)	**Kas nii on õige?** [kas ni: on ɜige?]
What is this? (What does this mean?)	**Mis see on?** [mis se: on?]

Apologies

Excuse me, please.	**Palun vabandust.** [palun ʋabandusⁱt]
I'm sorry.	**Vabandage.** [ʋabandage]
I'm really sorry.	**Mul on tõesti kahju.** [mulⁱ on tʒesⁱti kahju]
Sorry, it's my fault.	**Andestust, minu süü.** [andesⁱtusⁱt, minu sʉ:]
My mistake.	**Minu viga.** [minu ʋiga]
May I ...?	**Kas ma tohin ...?** [kas ma tohin ...?]
Do you mind if I ...?	**Ega teil midagi selle vastu ole, kui ma ...?** [ega tejlⁱ midagi selⁱe ʋasⁱtu ole, kui ma ...?]
It's OK.	**Kõik on korras.** [kʒik on korras]
It's all right.	**Kõik on korras.** [kʒik on korras]
Don't worry about it.	**Ärge muretsege.** [ærge muretsege]

Agreement

Yes.
Jah.
[jah]

Yes, sure.
Jah, muidugi.
[jah, muidugi]

OK (Good!)
Nõus! Hästi!
[nɜus! hæsʲti!]

Very well.
Väga hästi.
[uæga hæsʲti]

Certainly!
Kindlasti!
[kintlasʲti!]

I agree.
Ma olen nõus.
[ma olen nɜus]

That's correct.
Õige.
[ɜige]

That's right.
Õigus.
[ɜigus]

You're right.
Teil on õigus.
[tejlʲ on ɜigus]

I don't mind.
Mina pole vastu.
[mina pole uasʲtu]

Absolutely right.
Täiesti õigus.
[tæjesʲti ɜigus]

It's possible.
See on võimalik.
[se: on uɜimalik]

That's a good idea.
Hea mõte.
[hea mɜte]

I can't say no.
Ma ei saa keelduda.
[ma ej sa: ke:lʲduda]

I'd be happy to.
Mul oleks hea meel.
[mulʲ oleks hea me:l]

With pleasure.
Hea meelega.
[hea me:lega]

Refusal. Expressing doubt

No.
Ei.
[ej]

Certainly not.
Kindlasti mitte.
[kintlasˈti mitte]

I don't agree.
Ma ei ole nõus.
[ma ej ole nɜus]

I don't think so.
Mina nii ei arva.
[mina ni: ej arʋa]

It's not true.
See ei ole tõsi.
[se: ej ole tɜsi]

You are wrong.
Te eksite.
[te eksite]

I think you are wrong.
Arva, et teil pole õigus.
[arʋa, et tejlʲ pole ɜigus]

I'm not sure.
Ma ei ole kindel.
[ma ej ole kindel]

It's impossible.
See ei ole võimalik.
[se: ej ole ʋɜimalik]

Nothing of the kind (sort)!
Mitte midagi taolist!
[mitte midagi taolisˈt!]

The exact opposite.
Otse vastupidi.
[otse ʋasˈtupidi]

I'm against it.
Mina olen selle vastu.
[mina olen selʲe ʋasˈtu]

I don't care.
Mul ükskõik.
[mulʲ ɯkskɜik]

I have no idea.
Mul pole aimugi.
[mulʲ pole aimugi]

I doubt it.
Kahtlen selles.
[kahtlen selʲes]

Sorry, I can't.
Kahjuks ma ei saa.
[kahjuks ma ej sa:]

Sorry, I don't want to.
Vabandage, ma ei soovi.
[ʋabandage, ma ej so:ʋi]

Thank you, but I don't need this.
Tänan, aga ma ei taha seda.
[tænan, aga ma ej taha seda]

It's getting late.
Aeg on hiline.
[aeg on hiline]

I have to get up early.

Pean hommikul vara tõusma.
[pean hommikulʲ ʋara tɜusma]

I don't feel well.

Mul on halb olla.
[mulʲ on halʲb olʲæ]

Expressing gratitude

Thank you.	**Aitäh.** [aitæh]
Thank you very much.	**Suur tänu teile.** [su:r tænu tejle]
I really appreciate it.	**Olen teile selle eest tõesti tänulik.** [olen tejle selʲe e:sʲt tɜesʲti tænulik]
I'm really grateful to you.	**Ma olen teile tõesti väga tänulik.** [ma olen tejle tɜesʲti ʋæga tænulik]
We are really grateful to you.	**Me oleme teile tõesti väga tänulikud.** [me oleme tejle tɜesʲti ʋæga tænulikud]

Thank you for your time.	**Tänan, et leidsite minu jaoks aega.** [tænan, et lejdsite minu jaoks aega]
Thanks for everything.	**Tänan kõige eest.** [tænan kɜige e:sʲt]
Thank you for ...	**Tänan teid ...** [tænan tejt ...]
your help	**abi eest** [abi e:sʲt]
a nice time	**meeldiva aja eest** [me:lʲdiʋa aja e:sʲt]

a wonderful meal	**suurepärase eine eest** [su:repærase ejne e:sʲt]
a pleasant evening	**meeldiva õhtu eest** [me:lʲdiʋa ɜhtu e:sʲt]
a wonderful day	**suurepärase päeva eest** [su:repærase pæeʋa e:sʲt]
an amazing journey	**hämmastava reisi eest** [hæmmasʲtaʋa rejsi e:sʲt]

Don't mention it.	**Pole tänu väärt.** [pole tænu ʋæ:rt]
You are welcome.	**Pole tänu väärt.** [pole tænu ʋæ:rt]
Any time.	**Igal ajal.** [igalʲ ajal]
My pleasure.	**Mul oli hea meel aidata.** [mulʲ oli hea me:lʲ aidata]
Forget it.	**Unustage see. Kõik on korras.** [unusʲtage se:. kɜik on korras]
Don't worry about it.	**Ärge muretsege.** [ærge muretsege]

Congratulations. Best wishes

Congratulations!

Õnnitleme!
[ɜnnitleme!]

Happy birthday!

Palju õnne sünnipäevaks!
[palju ɜnne sʉnnipæəʋaks!]

Merry Christmas!

Häid jõule!
[hæjt jɜule!]

Happy New Year!

Head uut aastat!
[heat uːt aːsʲtat!]

Happy Easter!

Head ülestõusmispüha!
[heat ʉlesʲtɜusmispʉha!]

Happy Hanukkah!

Head Hannukad!
[heat hannukad!]

I'd like to propose a toast.

Lubage mul öelda toost.
[lubage mulʲ øelʲda toːsʲt]

Cheers!

Proosit!
[proːsit!]

Let's drink to ...!

Võtame ...!
[ʋɜtame ...!]

To our success!

Meie edu terviseks!
[meje edu terʋiseks!]

To your success!

Teie edu terviseks!
[teje edu terʋiseks!]

Good luck!

Õnn kaasa!
[ɜnn kaːsa!]

Have a nice day!

Ilusat päeva teile!
[ilusat pæəʋa tejle!]

Have a good holiday!

Puhake kenasti!
[puhake kenasʲti!]

Have a safe journey!

Head reisi teile!
[heat rejsi tejle!]

I hope you get better soon!

Head paranemist!
[heat paranemisʲt!]

Socializing

Why are you sad?

Miks te kurb olete?
[miks te kurb olete?]

Smile! Cheer up!

Naeratage! Pea püsti!
[naeratage! pea püsˈti!]

Are you free tonight?

Kas te olete täna õhtul vaba?
[kas te olete tæna ɜhtulʲ ʋaba?]

May I offer you a drink?

Kas tohin teile jooki pakkuda?
[kas tohin tejle joːki pakkuda?]

Would you like to dance?

Kas sooviksite tantsida?
[kas soːʋiksite tantsida?]

Let's go to the movies.

Ehk läheksime kinno.
[ehk lʲæheksime kinno]

May I invite you to ...?

Kas tohin teid kutsuda ...?
[kas tohin tejt kutsuda ...?]

a restaurant

restorani
[resʲtorani]

the movies

kinno
[kinno]

the theater

teatrisse
[teatrise]

go for a walk

jalutama
[jalutama]

At what time?

Mis ajal?
[mis ajal?]

tonight

täna õhtul
[tæna ɜhtulʲ]

at six

kell kuus
[kelʲ kuːs]

at seven

kell seitse
[kelʲ sejtse]

at eight

kell kaheksa
[kelʲ kaheksa]

at nine

kell üheksa
[kelʲ ɯheksa]

Do you like it here?

Kas teile meeldib siin olla?
[kas tejle meːlʲdib siːn olʲæ?]

Are you here with someone?

Kas te olete siin kellegagi koos?
[kas te olete siːn kelʲegagi koːs?]

I'm with my friend.

Olen koos sõbraga.
[olen koːs sɜbraga]

I'm with my friends.

No, I'm alone.

Olen koos sõpradega.
[olen ko:s sɜpradega]

Ei, ma olen üksik.
[ej, ma olen ʉksik]

Do you have a boyfriend?

I have a boyfriend.

Do you have a girlfriend?

I have a girlfriend.

Kas sul on sõber olemas?
[kas sulʲ on sɜber olemas?]

Mul on sõber.
[mulʲ on sɜber]

Kas sul on sõbranna olemas?
[kas sulʲ on sɜbranna olemas?]

Mul on sõbranna olemas.
[mulʲ on sɜbranna olemas]

Can I see you again?

Can I call you?

Call me. (Give me a call.)

What's your number?

I miss you.

Kas me kohtume veel?
[kas me kohtume ʋe:l?]

Kas tohin sulle helistada?
[kas tohin sulʲe helisʲtada?]

Helista mulle.
[helisʲta mulʲe]

Ütle mulle oma telefoninumber?
[ʉtle mulʲe oma telefoninumber?]

Igatsen su järele.
[igatsen su jærele]

You have a beautiful name.

I love you.

Will you marry me?

You're kidding!

I'm just kidding.

Teil on ilus nimi.
[tejlʲ on ilus nimi]

Ma armastan teid.
[ma armasʲtan tejd]

Kas abiellute minuga?
[kas abielʲute minuga?]

Nalja teete!
[nalja te:te!]

Lihtsalt teen nalja.
[lihtsalʲt te:n nalja]

Are you serious?

I'm serious.

Really?!

It's unbelievable!

I don't believe you.

I can't.

I don't know.

I don't understand you.

Kas te mõtlete seda tõsiselt?
[kas te mɜtlete seda tɜsiselʲt?]

Jah, ma olen tõsine.
[jah, ma olen tɜsine]

Tõesti?!
[tɜesʲti?!]

See on uskumatu!
[se: on uskumatu!]

Ma ei usu teid.
[ma ej usu tejd]

Ma ei saa.
[ma ej sa:]

Ma ei tea.
[ma ej tea]

Ma ei saa teist aru.
[ma ej sa: tejsʲt aru]

Please go away. **Palun lahkuge.**
[palun lahkuge]

Leave me alone! **Jätke mind üksi!**
[jætke mint uksi!]

I can't stand him. **Ma ei talu teda.**
[ma ej talu teda]

You are disgusting! **Te olete vastik!**
[te olete ʋasˈtik!]

I'll call the police! **Ma kutsun politsei!**
[ma kutsun politsej!]

Sharing impressions. Emotions

I like it.	**See meeldib mulle.** [se: meːlʲdib mulʲe]
Very nice.	**Väga kena.** [ʋæga kena]
That's great!	**See on suurepärane!** [se: on suːrepærane!]
It's not bad.	**See ei ole halb.** [se: ej ole halʲb]

I don't like it.	**See ei meeldi mulle.** [se: ej meːlʲdi mulʲe]
It's not good.	**See ei ole hea.** [se: ej ole hea]
It's bad.	**See on halb.** [se: on halʲb]
It's very bad.	**See on väga halb.** [se: on ʋæga halʲb]
It's disgusting.	**See on eemaletõukav.** [se: on eːmaletɜukaʋ]

I'm happy.	**Ma olen õnnelik.** [ma olen ɜnnelik]
I'm content.	**Ma olen rahul.** [ma olen rahul]
I'm in love.	**Ma olen armunud.** [ma olen armunud]
I'm calm.	**Ma olen rahulik.** [ma olen rahulik]
I'm bored.	**Ma olen tüdinud.** [ma olen tʉdinud]

I'm tired.	**Ma olen väsinud.** [ma olen ʋæsinud]
I'm sad.	**Ma olen kurb.** [ma olen kurb]
I'm frightened.	**Ma olen hirmul.** [ma olen hirmul]
I'm angry.	**Ma olen vihane.** [ma olen ʋihane]

I'm worried.	**Ma olen mures.** [ma olen mures]
I'm nervous.	**Ma olen närvis.** [ma olen nærʋis]

I'm jealous. (envious)	**Ma olen kade.** [ma olen kade]
I'm surprised.	**Ma olen üllatunud.** [ma olen ül'ætunud]
I'm perplexed.	**Ma olen segaduses.** [ma olen segaduses]

Problems. Accidents

I've got a problem.

Ma vajan teie abi.
[ma ʋajan teje abi]

We've got a problem.

Me vajame teie abi.
[me ʋajame teje abi]

I'm lost.

Ma olen ära eksinud.
[ma olen æra eksinud]

I missed the last bus (train).

Ma jäin viimasest bussist (rongist) maha.
[ma jæjn ʋi:masesʲt bussisʲt (rongisʲt) maha]

I don't have any money left.

Mul on raha päris otsas.
[mulʲ on raha pæris otsas]

I've lost my ...

Ma kaotasin oma ...
[ma kaotasin oma ...]

Someone stole my ...

Keegi varastas mu ...
[ke:gi ʋarasʲtas mu ...]

passport

passi
[pasi]

wallet

rahakoti
[rahakoti]

papers

dokumendid
[dokumendit]

ticket

pileti
[pileti]

money

raha
[raha]

handbag

käekoti
[kæəkoti]

camera

fotoaparaadi
[fotoapara:di]

laptop

sülearvuti
[sʉlearʋuti]

tablet computer

tahvelarvuti
[tahʋelarʋuti]

mobile phone

mobiiltelefoni
[mobi:lʲtelefoni]

Help me!

Appi! Aidake!
[appi! aidake!]

What's happened?

Mis juhtus?
[mis juhtus?]

fire	**tulekahju** [tulekahju]
shooting	**tulistamine** [tulisˈtamine]
murder	**tapmine** [tapmine]
explosion	**plahvatus** [plahʋatus]
fight	**kaklus** [kaklus]

Call the police!	**Kutsuge politsei!** [kutsuge politsej!]
Please hurry up!	**Palun kiirustage!** [palun ki:rusˈtage!]
I'm looking for the police station.	**Ma otsin politseijaoskonda.** [ma otsin politsejjaoskonda]
I need to make a call.	**Mul on vaja helistada.** [mulʲ on ʋaja helisˈtada]
May I use your phone?	**Kas ma tohin helistada?** [kas ma tohin helisˈtada?]

I've been ...	**Mind ...** [mint ...]
mugged	**rööviti** [rø:ʋiti]
robbed	**riisuti paljaks** [ri:suti paljaks]
raped	**vägistati** [ʋægisˈtati]
attacked (beaten up)	**peksti läbi** [peksʲti lʲæbi]

Are you all right?	**Kas teiega on kõik korras?** [kas tejega on kɜik korras?]
Did you see who it was?	**Kas te nägite, kes see oli?** [kas te nægite, kes se: oli?]
Would you be able to recognize the person?	**Kas te tunneksite ta ära?** [kas te tunneksite ta æra?]
Are you sure?	**Kas olete kindel?** [kas olete kindel?]

Please calm down.	**Palun rahunege maha.** [palun rahunege maha]
Take it easy!	**Võtke asja rahulikult!** [ʋɜtke asja rahulikulʲt!]
Don't worry!	**Ärge muretsege!** [ærge muretsege!]
Everything will be fine.	**Kõik saab korda.** [kɜik sa:b korda]
Everything's all right.	**Kõik on korras.** [kɜik on korras]

Come here, please.

Palun tulge siia.
[palun tulʲge siːa]

I have some questions for you.

Mul on teile mõned küsimused.
[mulʲ on tejle mɜnet kʉsimused]

Wait a moment, please.

Palun oodake.
[palun oːdake]

Do you have any I.D.?

Kas teil on mõni isikut tõendav dokument?
[kas tejlʲ on mɜni isikut tɜendaʊ dokument?]

Thanks. You can leave now.

Tänan. Võite lahkuda.
[tænan. ʋɜite lahkuda]

Hands behind your head!

Käed kuklale!
[kæet kuklale!]

You're under arrest!

Te olete kinni peetud!
[te olete kinni peːtud!]

Health problems

Please help me.	**Palun aidake mind.** [palun aidake mind]
I don't feel well.	**Mul on halb olla.** [mulʲ on halʲb olʲæ]
My husband doesn't feel well.	**Mu mehel on halb olla.** [mu mehelʲ on halʲb olʲæ]
My son ...	**Mu pojal ...** [mu pojalʲ ...]
My father ...	**Mu isal ...** [mu isalʲ ...]
My wife doesn't feel well.	**Mu naisel on halb olla.** [mu naiselʲ on halʲb olʲæ]
My daughter ...	**Mu tütrel ...** [mu tʉtrelʲ ...]
My mother ...	**Mu emal ...** [mu emalʲ ...]
I've got a ...	**Mul on ...** [mulʲ on ...]
headache	**peavalu** [peaʋalu]
sore throat	**kurk külma saanud** [kurk kʉlʲma sa:nut]
stomach ache	**kõhuvalu** [kɜhuʋalu]
toothache	**hambavalu** [hambaʋalu]
I feel dizzy.	**Mul käib pea ringi.** [mulʲ kæjb pea ringi]
He has a fever.	**Tal on palavik.** [talʲ on palaʋik]
She has a fever.	**Tal on palavik.** [talʲ on palaʋik]
I can't breathe.	**Ma ei saa hingata.** [ma ej sa: hingata]
I'm short of breath.	**Mul jääb hing kinni.** [mulʲ jæ:b hing kinni]
I am asthmatic.	**Ma olen astmaatik.** [ma olen asʲtma:tik]
I am diabetic.	**Ma olen diabeetik.** [ma olen diabe:tik]

| I can't sleep. | **Ma ei saa magada.**
[ma ej sa: magada] |
| food poisoning | **toidumürgitus**
[tojdumʉrgitus] |

It hurts here.	**Siit valutab.** [si:t ʋalutab]
Help me!	**Appi! Aidake!** [appi! aidake!]
I am here!	**Ma olen siin!** [ma olen si:n!]
We are here!	**Me oleme siin!** [me oleme si:n!]
Get me out of here!	**Päästke mind siit välja!** [pæ:sʲtke mint si:t ʋælja!]
I need a doctor.	**Mul on arsti vaja.** [mulʲ on arsʲti ʋaja]
I can't move.	**Ma ei saa ennast liigutada.** [ma ej sa: ennasʲt li:gutada]
I can't move my legs.	**Ma ei saa oma jalgu liigutada.** [ma ej sa: oma jalʲgu li:gutada]

I have a wound.	**Ma olen haavatud.** [ma olen ha:ʋatud]
Is it serious?	**Kas see on kardetav?** [kas se: on kardetaʋ?]
My documents are in my pocket.	**Minu dokumendid on mu taskus.** [minu dokumendit on mu taskus]
Calm down!	**Rahunege maha!** [rahunege maha!]
May I use your phone?	**Kas ma tohin helistada?** [kas ma tohin helisʲtada?]

Call an ambulance!	**Kutsuge kiirabi!** [kutsuge ki:rabi!]
It's urgent!	**See on kiireloomuline!** [se: on ki:relo:muline!]
It's an emergency!	**See on hädaolukord!** [se: on hædaolukord!]
Please hurry up!	**Palun kiirustage!** [palun ki:rusʲtage!]
Would you please call a doctor?	**Palun kutsuge arst?** [palun kutsuge arsʲt?]
Where is the hospital?	**Palun öelge, kus asub haigla?** [palun øelʲge, kus asub haigla?]

How are you feeling?	**Kuidas te ennast tunnete?** [kuidas te ennasʲt tunnete?]
Are you all right?	**Kas teiega on kõik korras?** [kas tejega on kɜik korras?]
What's happened?	**Mis juhtus?** [mis juhtus?]

I feel better now.

Ma tunnen ennast nüüd paremini.
[ma tunnen ennasⁱt nʉ:t paremini]

It's OK.

Kõik on korras.
[kɜik on korras]

It's all right.

Kõik on hästi.
[kɜik on hæsⁱti]

At the pharmacy

pharmacy (drugstore)	**apteek** [apteːk]
24-hour pharmacy	**ööpäevaringselt avatud apteek** [øːpæeʋaringselʲt aʋatut apteːk]
Where is the closest pharmacy?	**Kus asub lähim apteek?** [kus asub lʲæhim apteːk?]
Is it open now?	**Kas see on praegu avatud?** [kas seː on praegu aʋatud?]
At what time does it open?	**Mis kell see avatakse?** [mis kelʲ seː aʋatakse?]
At what time does it close?	**Mis kell see suletakse?** [mis kelʲ seː suletakse?]
Is it far?	**Kas see on kaugel?** [kas seː on kaugel?]
Can I get there on foot?	**Kas ma saan sinna jalgsi minna?** [kas ma saːn sinna jalʲgsi minna?]
Can you show me on the map?	**Palun näidake mulle seda kaardil.** [palun næjdake mulʲe seda kaːrdil]
Please give me something for ...	**Palun andke mulle midagi,** **mis aitaks ...** [palun andke mulʲe midagi, mis aitaks ...]
a headache	**peavalu vastu** [peaʋalu ʋasʲtu]
a cough	**köha vastu** [køha ʋasʲtu]
a cold	**külmetuse vastu** [kшlʲmetuse ʋasʲtu]
the flu	**gripi vastu** [gripi ʋasʲtu]
a fever	**palaviku vastu** [palaʋiku ʋasʲtu]
a stomach ache	**kõhuvalude vastu** [kɜhuʋalude ʋasʲtu]
nausea	**iivelduse vastu** [iːʋelʲduse ʋasʲtu]
diarrhea	**kõhulahtisuse vastu** [kɜhulahtisuse ʋasʲtu]
constipation	**kõhukinnisuse vastu** [kɜhukinnisuse ʋasʲtu]

pain in the back

seljavalu vastu
[seljavalu vas'tu]

chest pain

rinnavalu vastu
[rinnavalu vas'tu]

side stitch

pistete vastu küljes
[pis'tete vas'tu kʉljes]

abdominal pain

valude vastu kõhus
[valude vas'tu kзhus]

pill

tablett
[tablett]

ointment, cream

salv, kreem
[sal'v, kre:m]

syrup

siirup
[si:rup]

spray

sprei
[sprej]

drops

tilgad
[til'gat]

You need to go to the hospital.

Te peate haiglasse minema.
[te peate haiglase minema]

health insurance

ravikindlustus
[ravikintlus'tus]

prescription

retseptiga
[retseptiga]

insect repellant

putukatõrjevahend
[putukatзrjevahent]

Band Aid

plaaster
[pla:s'ter]

The bare minimum

Excuse me, ... **Vabandage, ...**
[ʋabandage, ...]

Hello. **Tere.**
[tere]

Thank you. **Aitäh.**
[aitæh]

Good bye. **Nägemist.**
[nægemisʲt]

Yes. **Jah.**
[jah]

No. **Ei.**
[ej]

I don't know. **Ma ei tea.**
[ma ej tea]

Where? | Where to? | When? **Kus? | Kuhu? | Millal?**
[kus? | kuhu? | milʲæl?]

I need ... **Mul on ... vaja**
[mulʲ on ... ʋaja]

I want ... **Ma tahan ...**
[ma tahan ...]

Do you have ...? **Kas teil on ... ?**
[kas tejlʲ on ... ?]

Is there a ... here? **Kas siin on kusagil ... ?**
[kas si:n on kusagilʲ ... ?]

May I ...? **Kas ma tohin ...?**
[kas ma tohin ...?]

..., please (polite request) **Palun, ...**
[palun, ...]

I'm looking for ... **Ma otsin ...**
[ma otsin ...]

restroom **tualetti**
[tualetti]

ATM **pangaautomaati**
[panga:utoma:ti]

pharmacy (drugstore) **apteeki**
[apte:ki]

hospital **haiglat**
[haiglat]

police station **politseijaoskonda**
[politsejjaoskonda]

subway **metroojaama**
[metro:ja:ma]

taxi	**taksot** [taksot]
train station	**raudteejaama** [raudte:ja:ma]

My name is ...	**Minu nimi on ...** [minu nimi on ...]
What's your name?	**Mis teie nimi on?** [mis teje nimi on?]
Could you please help me?	**Palun aidake mind.** [palun aidake mind]
I've got a problem.	**Ma vajan teie abi.** [ma ʋajan teje abi]
I don't feel well.	**Mul on halb olla.** [mulⁱ on halʲb olʲæ]
Call an ambulance!	**Kutsuge kiirabi!** [kutsuge ki:rabi!]
May I make a call?	**Kas ma tohin helistada?** [kas ma tohin helisʲtada?]

I'm sorry.	**Vabandage.** [ʋabandage]
You're welcome.	**Tänan.** [tænan]

I, me	**mina, ma** [mina, ma]
you (inform.)	**sina, sa** [sina, sa]
he	**tema, ta** [tema, ta]
she	**tema, ta** [tema, ta]
they (masc.)	**nemad, nad** [nemad, nat]
they (fem.)	**nemad, nad** [nemad, nat]
we	**meie, me** [meje, me]
you (pl)	**teie, te** [teje, te]
you (sg, form.)	**teie** [teje]

ENTRANCE	**SISSEPÄÄS** [sissepæ:s]
EXIT	**VÄLJAPÄÄS** [ʋæljapæ:s]
OUT OF ORDER	**EI TÖÖTA** [ej tø:ta]
CLOSED	**SULETUD** [suletut]

OPEN

FOR WOMEN

FOR MEN

AVATUD
[avatut]

NAISTE
[naisᵊte]

MEESTE
[me:sᵊte]

MINI DICTIONARY

This section contains 250 useful words required for everyday communication. You will find the names of months and days of the week here. The dictionary also contains topics such as colors, measurements, family, and more

T&P Books Publishing

DICTIONARY CONTENTS

T&P Books Publishing

time	**aeg**	[aeg]
hour	**tund**	[tunt]
half an hour	**pool tundi**	[poːlʲ tundi]
minute	**minut**	[minut]
second	**sekund**	[sekunt]
today (adv)	**täna**	[tæna]
tomorrow (adv)	**homme**	[homme]
yesterday (adv)	**eile**	[ejle]
Monday	**esmaspäev**	[esmaspæəʊ]
Tuesday	**teisipäev**	[tejsipæəʊ]
Wednesday	**kolmapäev**	[kolʲmapæəʊ]
Thursday	**neljapäev**	[neljapæəʊ]
Friday	**reede**	[reːde]
Saturday	**laupäev**	[laupæəʊ]
Sunday	**pühapäev**	[pʉhapæəʊ]
day	**päev**	[pæəʊ]
working day	**tööpäev**	[tøːpæəʊ]
public holiday	**pidupäev**	[pidupæəʊ]
weekend	**nädalavahetus**	[nædalaʊahetus]
week	**nädal**	[nædalʲ]
last week (adv)	**möödunud nädalal**	[møːdunut nædalalʲ]
next week (adv)	**järgmisel nädalal**	[jærgmiselʲ nædalalʲ]
in the morning	**hommikul**	[hommikulʲ]
in the afternoon	**pärast lõunat**	[pærasʲt lɜunat]
in the evening	**õhtul**	[ɜhtulʲ]
tonight (this evening)	**täna õhtul**	[tæna ɜhtulʲ]
at night	**öösel**	[øːselʲ]
midnight	**kesköö**	[keskøː]
January	**jaanuar**	[jaːnuar]
February	**veebruar**	[ʋeːbruar]
March	**märts**	[mærts]
April	**aprill**	[aprilʲ]
May	**mai**	[mai]
June	**juuni**	[juːni]
July	**juuli**	[juːli]
August	**august**	[augusʲt]

75

September	september	[september]
October	oktoober	[okto:ber]
November	november	[nouember]
December	detsember	[detsember]

in spring	kevadel	[keuadelʲ]
in summer	suvel	[suuelʲ]
in fall	sügisel	[sʉgiselʲ]
in winter	talvel	[talʲuelʲ]

month	kuu	[ku:]
season (summer, etc.)	hooaeg	[ho:aeg]
year	aasta	[a:sʲta]

2. Numbers. Numerals

0 zero	null	[nulʲ]
1 one	üks	[ʉks]
2 two	kaks	[kaks]
3 three	kolm	[kolʲm]
4 four	neli	[neli]

5 five	viis	[ui:s]
6 six	kuus	[ku:s]
7 seven	seitse	[sejtse]
8 eight	kaheksa	[kaheksa]
9 nine	üheksa	[ʉheksa]
10 ten	kümme	[kʉmme]

11 eleven	üksteist	[ʉksʲtejsʲt]
12 twelve	kaksteist	[kaksʲtejsʲt]
13 thirteen	kolmteist	[kolʲmtejsʲt]
14 fourteen	neliteist	[nelitejsʲt]
15 fifteen	viisteist	[ui:sʲtejsʲt]

16 sixteen	kuusteist	[ku:sʲtejsʲt]
17 seventeen	seitseteist	[sejtsetejsʲt]
18 eighteen	kaheksateist	[kaheksatejsʲt]
19 nineteen	üheksateist	[ʉheksatejsʲt]

20 twenty	kakskümmend	[kakskʉmment]
30 thirty	kolmkümmend	[kolʲmkʉmment]
40 forty	nelikümmend	[nelikʉmment]
50 fifty	viiskümmend	[ui:skʉmment]

60 sixty	kuuskümmend	[ku:skʉmment]
70 seventy	seitsekümmend	[sejtsekʉmment]
80 eighty	kaheksakümmend	[kaheksakʉmment]
90 ninety	üheksakümmend	[ʉheksakʉmment]
100 one hundred	sada	[sada]

200 two hundred	kakssada	[kakssada]
300 three hundred	kolmsada	[kolʲmsada]
400 four hundred	nelisada	[nelisada]
500 five hundred	viissada	[ʋi:ssada]

600 six hundred	kuussada	[ku:ssada]
700 seven hundred	seitsesada	[sejtsesada]
800 eight hundred	kaheksasada	[kaheksasada]
900 nine hundred	üheksasada	[üheksasada]
1000 one thousand	tuhat	[tuhat]

| 10000 ten thousand | kümme tuhat | [kümme tuhat] |
| one hundred thousand | sada tuhat | [sada tuhat] |

| million | miljon | [miljon] |
| billion | miljard | [miljart] |

3. Humans. Family

man (adult male)	mees	[me:s]
young man	noormees	[no:rme:s]
woman	naine	[naine]
girl (young woman)	tütarlaps	[tütarlaps]
old man	vanamees	[ʋaname:s]
old woman	vanaeit	[ʋanaejt]

mother	ema	[ema]
father	isa	[isa]
son	poeg	[poeg]
daughter	tütar	[tütar]
brother	vend	[ʋent]
sister	õde	[ɜde]

parents	vanemad	[ʋanemat]
child	laps	[laps]
children	lapsed	[lapset]
stepmother	võõrasema	[ʋɜ:rasema]
stepfather	võõrasisa	[ʋɜ:rasisa]

grandmother	vanaema	[ʋanaema]
grandfather	vanaisa	[ʋanaisa]
grandson	lapselaps	[lapselaps]
granddaughter	lapselaps	[lapselaps]
grandchildren	lapselapsed	[lapselapset]

uncle	onu	[onu]
aunt	tädi	[tædi]
nephew	vennapoeg	[ʋennapoeg]
niece	vennatütar	[ʋennatütar]
wife	naine	[naine]

husband	**mees**	[me:s]
married (masc.)	**abielus**	[abielus]
married (fem.)	**abielus**	[abielus]
widow	**lesk**	[lesk]
widower	**lesk**	[lesk]
name (first name)	**eesnimi**	[e:snimi]
surname (last name)	**perekonnnimi**	[perekonnnimi]
relative	**sugulane**	[sugulane]
friend (masc.)	**sõber**	[sɜber]
friendship	**sõprus**	[sɜprus]
partner	**partner**	[partner]
superior (n)	**ülemus**	[ʉlemus]
colleague	**kolleeg**	[kolʲe:g]
neighbors	**naabrid**	[na:brit]

4. Human body

body	**keha**	[keha]
heart	**süda**	[sʉda]
blood	**veri**	[ʋeri]
brain	**aju**	[aju]
bone	**luu**	[lu:]
spine (backbone)	**selgroog**	[selʲgro:g]
rib	**roie**	[roje]
lungs	**kops**	[kops]
skin	**nahk**	[nahk]
head	**pea**	[pea]
face	**nägu**	[nægu]
nose	**nina**	[nina]
forehead	**laup**	[laup]
cheek	**põsk**	[pɜsk]
mouth	**suu**	[su:]
tongue	**keel**	[ke:lʲ]
tooth	**hammas**	[hammas]
lips	**huuled**	[hu:let]
chin	**lõug**	[lɜug]
ear	**kõrv**	[kɜrʋ]
neck	**kael**	[kaelʲ]
eye	**silm**	[silʲm]
pupil	**silmatera**	[silʲmatera]
eyebrow	**kulm**	[kulʲm]
eyelash	**ripse**	[ripse]
hair	**juuksed**	[ju:kset]

hairstyle	soeng	[soeng]
mustache	vuntsid	[ʊuntsit]
beard	habe	[habe]
to have (a beard, etc.)	kandma	[kandma]
bald (adj)	kiilas	[ki:las]

hand	käelaba	[kæəlaba]
arm	käsi	[kæsi]
finger	sõrm	[sɜrm]
nail	küüs	[kʉ:s]
palm	peopesa	[peopesa]

shoulder	õlg	[ɜlʲg]
leg	säär	[sæ:r]
knee	põlv	[pɜlʲʊ]
heel	kand	[kant]
back	selg	[selʲg]

5. Clothing. Personal accessories

clothes	riided	[ri:det]
coat (overcoat)	mantel	[mantelʲ]
fur coat	kasukas	[kasukas]
jacket (e.g., leather ~)	jope	[jope]
raincoat (trenchcoat, etc.)	vihmamantel	[ʊihmamantelʲ]

shirt (button shirt)	särk	[særk]
pants	püksid	[pʉksit]
suit jacket	pintsak	[pintsak]
suit	ülikond	[ʉlikont]

dress (frock)	kleit	[klejt]
skirt	seelik	[se:lik]
T-shirt	T-särk	[t-særk]
bathrobe	hommikumantel	[hommikumantelʲ]
pajamas	pidžaama	[piʤa:ma]
workwear	tööriietus	[tø:ri:etus]

underwear	pesu	[pesu]
socks	sokid	[sokit]
bra	rinnahoidja	[rinnahojdja]
pantyhose	sukkpüksid	[sukkpʉksit]
stockings (thigh highs)	sukad	[sukat]
bathing suit	trikoo	[triko:]

hat	müts	[mʉts]
footwear	jalatsid	[jalatsit]
boots (e.g., cowboy ~)	saapad	[sa:pat]
heel	konts	[konts]
shoestring	kingapael	[kingapaelʲ]

shoe polish	kingakreem	[kingakre:m]
gloves	sõrmkindad	[sɜrmkindat]
mittens	labakindad	[labakindat]
scarf (muffler)	sall	[salʲ]
glasses (eyeglasses)	prillid	[prilʲit]
umbrella	vihmavari	[ʋihmaʋari]

tie (necktie)	lips	[lips]
handkerchief	taskurätik	[taskurætik]
comb	kamm	[kamm]
hairbrush	juuksehari	[ju:ksehari]

buckle	pannal	[pannalʲ]
belt	vöö	[ʋø:]
purse	käekott	[kæəkott]

6. House. Apartment

apartment	korter	[korter]
room	tuba	[tuba]
bedroom	magamistuba	[magamisʲtuba]
dining room	söögituba	[sø:gituba]

living room	külalistuba	[kʉlalisʲtuba]
study (home office)	kabinet	[kabinet]
entry room	esik	[esik]
bathroom (room with a bath or shower)	vannituba	[ʋannituba]
half bath	tualett	[tualett]

vacuum cleaner	tolmuimeja	[tolʲmuimeja]
mop	hari	[hari]
dust cloth	lapp	[lapp]
short broom	luud	[lu:t]
dustpan	prügikühvel	[prʉgikʉhʋelʲ]

furniture	mööbel	[mø:belʲ]
table	laud	[laut]
chair	tool	[to:lʲ]
armchair	tugitool	[tugito:lʲ]

mirror	peegel	[pe:gelʲ]
carpet	vaip	[ʋaip]
fireplace	kamin	[kamin]
drapes	külgkardinad	[kʉlʲgkardinat]
table lamp	laualamp	[laualamp]
chandelier	lühter	[lʉhter]

| kitchen | köök | [kø:k] |
| gas stove (range) | gaasipliit | [ga:sipli:t] |

electric stove	elektripliit	[elektripli:t]
microwave oven	mikrolaineahi	[mikrolaineahi]

refrigerator	külmkapp	[kʉlʲmkapp]
freezer	jääkapp	[jæ:kapp]
dishwasher	nõudepesumasin	[nɜudepesumasin]
faucet	kraan	[kra:n]

meat grinder	hakklihamasin	[hakklihamasin]
juicer	mahlapress	[mahlapress]
toaster	röster	[røsʲter]
mixer	mikser	[mikser]

coffee machine	kohvikeetja	[kohʋike:tja]
kettle	veekeetja	[ʋe:ke:tja]
teapot	teekann	[te:kann]

TV set	televiisor	[teleʋi:sor]
VCR (video recorder)	videomagnetofon	[ʋideomagnetofon]
iron (e.g., steam ~)	triikraud	[tri:kraut]
telephone	telefon	[telefon]